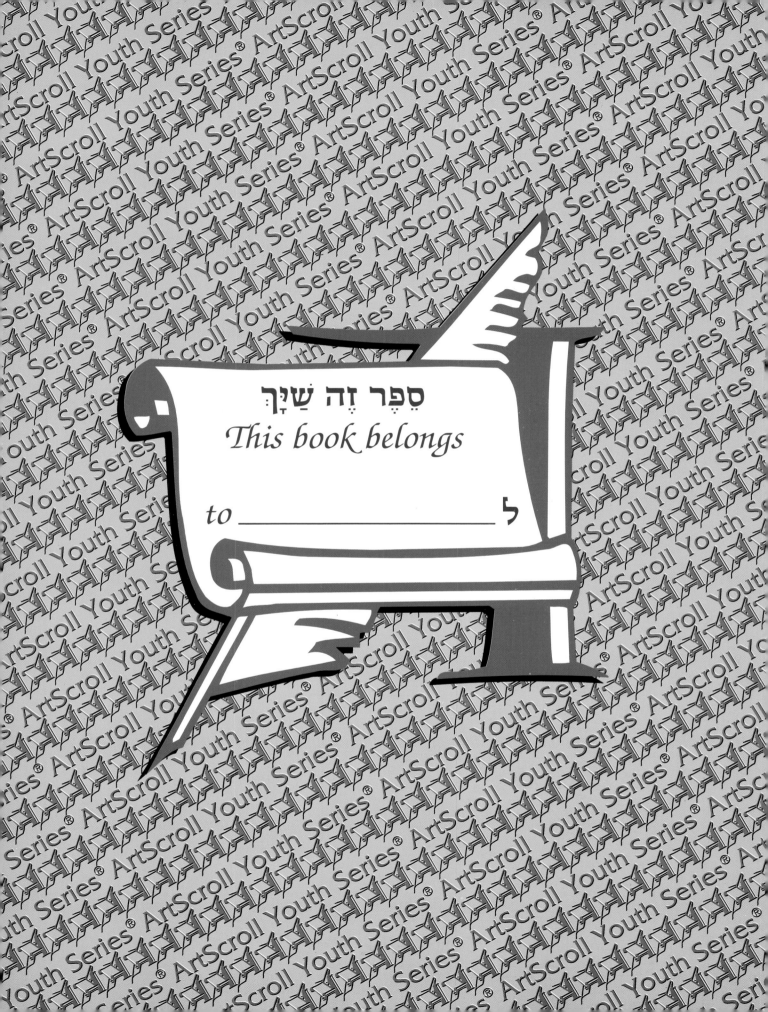

סֵפֶר זֶה שַׁיָּךְ

This book belongs

to ______________________ ל

My Hebrew

car, מְכוֹנִית

girl, יַלְדָּה

boy, יֶלֶד

airplane, מָטוֹס

book, סֵפֶר

shoes, נַעֲלַיִם

Published by

Mesorah Publications, ltd

PICTURE Dictionary

The Alef-Bet Word Book

by Shmuel Blitz

Illustrated by Liat Benyamini Ariel

Dedicated to the memory of the author's father

MR. MAX BLITZ דוב מאיר בן דוד הכהן ע״ה

FUN AT THE PARK

flag, דֶגֶל
bird, צִפּוֹר
sky, שָׁמַיִם
מִתְקָנִים
monkey bars
בְּרֵזִיָה
water fountain
ball, כַּדּוּר
אַרְגַּז חוֹל
sandbox
מַגְלֵשָׁה
slide
נַדְנֵדָה
swing
נַדְנֵדָה
seesaw
תִּינוֹק
baby
אֵם
mother
מְרִיצָה
wheel-
barrow
זָקֵן
old man
כְּפָפָה
mitt
baseball, כַּדּוּר בָּסִיס
bench, סַפְסָל
מַחְבֵּט
bat
flowers, פְּרָחִים

כֵּיף בְּגַן הַמִּשְׂחָקִים

עֲפִיפוֹן kite

clouds, עֲנָנִים

חוּט string

tree, עֵץ

אָב father

בָּלוֹן balloon

בָּנִים boys

קְרוּסֶלָה carousel

גֶּשֶׁר ridge

carriage, עֲגָלָה

כֶּלֶב dog

אוֹפַנַּיִם bicycle

בַּרְוָז duck

water, מַיִם

בַּרְבּוּר swan

lake, אֲגַם

grass, דֶּשֶׁא

path, שְׁבִיל

פַּח אַשְׁפָּה garbage pail

boat, סִירָה

DAY AT SCHOOL

שָׁעוֹן ,clock

מַפָּה, map

כַּדּוּר הָאָרֶץ
globe

blackboard, לוּחַ

קֻבִּיָּה ,cube

אָזְנִיּוֹת,
earphones,

ruler, סַרְגֵּל

מוֹרֶה
teacher

כַּדּוּר
sphere

רַדְיוֹ,
radio,

פִּירָמִידָה
pyramid

שֻׁלְחַן כְּתִיבָה
desk

סֵפֶר, book,

מְעִיל
jacket

מִסְפָּרַיִם
scissors

מָסָךְ בַּקָּרָה
monitor

כִּפָּה
yarmulka

נְיָר
paper

מַחַק
eraser

glue, דֶּבֶק

bloc

מַחְשֵׁב
computer

לוּחַ מַקָּשִׁים
מִקְלֶדֶת
keyboard

חֹמֶר
clay

מְחַדֵּד
sharpener

יוֹם בְּבֵית הַסֵּפֶר

plants, צְמָחִים
letters, אוֹתִיּוֹת
window, חַלּוֹן
חֶשְׁבּוֹנִיָּה
abacus
מַבְחֵנוֹת
test tubes
easel, כַּן צִיּוּר
מִכְחוֹל
paintbrush
קַנְקַן
jug
aquarium, אַקְוַרְיוּם
drawer, מְגֵרָה
page, דַּף
תַּלְמִיד
student
יַלְקוּט
briefcase
כִּסֵּא
chair

WELCOME TO THE ZOO

פִּיל
elephant

גּוֹרִילָה
gorilla

קַנְגּוּרוּ
kanga...

קוֹף
monkey

שִׁימְפַּנְזָה
chimpanzee

כְּלוּב, cage

גִ'ירָפָּה
giraffe

פְלָמִינְגּוֹ
flamingo

גָּמָל
cam...

יָעֵן
ostrich

שַׁקְנַאי
pelican

נָמֵר
leopard

אַרְיֵה, lion

נָמֵר טִיגְרִיס
tiger

טַוָּס
peacock

בְּרוּכִים הַבָּאִים לְגַן הַחַיּוֹת

אַתֶּם נִמְצָאִים כָּאן
You are here

פִּינַת לְטּוּף
PETTING ZOO

היפופוטמוס
hippopotamus

turtle, צָב

אַוָז
goose

אַרְנֶבֶת
rabbit

תַּרְנְגוֹל ,rooster

תַּרְנְגֹלֶת
chicken

doe, אַיָּלָה

סְנָאִי
squirrel

כֶּבֶשׂ ,sheep

קַרְנַ
oceros

אִינְפוֹרְמַצְיָה
information

אוּגֵר
hamster

deer, צְבִי

עַכְבָּר
mouse

עֵז
goat

בֵּיתַן הַזּוֹחֲלִים
REPTILE PAVILLION

נָחָשׁ
snake

zebra, זֶבְּרָה

lizard, לְטָאָה

קָפֶּטֶרְיָה
cafeteria

bear, דֹּב

פַּנְדָּה
panda
bear

crocodile, תַּנִּין

9

AT THE MARKET

דְּלַעַת, pumpkin

אֲנָנָס
pineapple

אֲפַרְסְקִים
peaches

עֲנָבִים, grapes

קוּפָּה
cash register

פּוֹנָה
pea...

חַסָּה
lettuce

צְנוֹן, radish

חֲצִילִים, eggplants

קִשּׁוּא, squash

פִּלְפֵּל, pepper

קִיוִי, kiwi,

עֲגְבָנִיּוֹת
tomatoes

מְלַפְפוֹנִים
cucumbers

גֶּזֶר
carrots

כְּרוּב
cabbage

דֻּבְדְּבָנִים, cherries,

בָּצָל
onions

תַּפּוּחֵי אֲדָמָה
potatoes

פִּטְרִיּוֹת
mushrooms

כְּרוּבִית
cauliflower

תּוּת שָׂדֶה, strawberry

עֲגָלַת קְנִיּוֹת
shopping carriage

10

בַּשׁוּק

דֶּגֶל, flag

בָּנָנוֹת, bananas

אֲבַטִּיחַ watermelon

כַּרְפַּס celery

צְנוֹ... dish

שׁוּם garlic

...ch

מִשְׁמֵשׁ apricot

שְׁעוּעִית יְרוּקָה string beans

תַּפּוּחִים apples

אֲגָסִים pears

לִימוֹנִים lemons

תַּפּוּזִים oranges

אֶשְׁכּוֹל... pefruits

...s

מֶלוֹן melon

THE SHABBOS TABLE

closet אָרוֹן
סִיר
pot
חַמִּין
chulent
soup מָרָק
blech, כִּירַת שַׁבָּת
מִשְׁקָפַיִם
eyeglasses
שַׁלְהֶבֶת
flame
apron, סִנָּר
נֵר
candle
wine, יַיִן
פָּמוֹטִים
candlesticks
גָּבִיעַ
kiddush cup
עוֹף
chicken
בָּשָׂר
mea
חַלָּה
challah
plate, צַלַּחַת
שִׂמְלָה
dress
חֲזֶרֶת
horseradish
סַכִּין
knife
table, שֻׁלְחָן

שֻׁלְחָן שַׁבָּת

סְפָרִים, books

פְּרָחִים
flowers

אוֹרֵחַ
guest

עֲנִיבָה
necktie

דָּג, fish

מַזְלֵג
fork

סָלָט, alad

כַּד
pitcher

כַּף
spoon

מִיץ
juice

קוּגֶל, kugel

בֶּרְכּוֹן
bencher

מַפִּית
napkin

כִּסֵּא, chair

חֲגוֹרָה
belt

מַפָּה, lecloth

DAY ON THE FARM

fields, שָׂדוֹת

barn, אָסָם

plow, מַחֲרֵשָׁה

hay, שַׁחַת

סוּס
horse

cow shed, רֶפֶת

מַחְסַן עֵצִים
woodshed

stable, אֻרְוָה

דְּלִי
bucket

פָּרָה
cow

בּוּלֵי עֵץ
logs

מַטְאֲטֵא
broom

דַּחְלִיל
scarecrow

sunflowers, חַמָּנִיּוֹת

גֶּזַע
tree
trunk

רְפָּה מַעְדֵּר
hoe rak

sheep, כֶּבֶשׂ

lamb, טָלֶה

goat, עֵז

אֵת
shovel

calf, עֵגֶל

פּוֹר
bir

יוֹם בַּחַוָּה

chimney, אֲרֻבָּה

מִגְדָּל תַּחְמִיץ silo

farmhouse, בֵּית הַחַוַּאי

roof, גַּג

window, חַלּוֹן

חָבִית barrel

מְרִיצָה wheelbarrow

טְרַקְטוֹר tractor

כִּסֵּא נַדְנֵדָה rocking chair

dog, כֶּלֶב

חָתוּל cat

חֲמוֹר donkey

דֶּלֶת door

steps, מַדְרֵגוֹת

geese, אֲוָזִים

בְּרֵכָה pond

תַּרְנְגֹל chicken

חַוַּאי farmer

duck, בַּרְוָז

crow, עוֹרֵב

fence, גָּדֵר

15

TOY STORE

airplane, אֲוִירוֹן

מַגְלֵשָׁה
slide

בְּרוּכִים הַבָּאִים
לְאִי הַמַּטְמוֹן
Welcome to
Treasure
Island

קֻפָּה
cash register

מַפַּת הַמַּטְמוֹן
treasure map

חָבִית
barrel

בְּמִבְצָע
on sale

כַּדּוּר
ball

מְכוֹנִית
car

צְדָפִים
seashel

inflatable raft,
סִירָה מִתְנַפַּחַת

דָּגִים טְרוֹפִּיִּים
tropical fish

16

חֲנוּת הַצַּעֲצוּעִים

CLOTHING — בְּגָדִים

hat box, קוּפְסַת כּוֹבַע
קוֹלָב
hanger
חֲגוֹרָה
belt
shoes, נַעֲלַיִם
hat, כּוֹבַע
צִיצִית
tzitzis
צָעִיף
scarf
מְעִיל
jacket
שִׂמְלָה
dress
מְחַמְמֵי אָזְנַיִם
earmuffs
סְוֶדֶר
sweater
coat, מְעִיל
אַרְנָק
bag
מִטְרִיָּה
umbrella
מִכְנָסַיִם
pants
כְּפָפָה
glove
כַּפְתּוֹר
button
סַל כְּבִיסָה
laundry
basket
גַּרְבַּיִם
socks
boots, מַגָּפַיִם
מִשְׁקְפֵי שֶׁמֶשׁ
sunglasses
sneakers, נַעֲלֵי הִתְעַמְּלוּת

שִׁבְעַת הַמִּינִים
SHIVAH MINIM

vine, גֶּפֶן
עֵץ תָּמָר
date palm
עֵץ תְּאֵנָה
fig tree
עֵץ זַיִת
olive tree
עֵץ רִמּוֹן
pomegranate tree
עֲנָבִים
grapes
רִמּוֹן
pomegranate
תְּמָרִים
dates
olives, זֵיתִים
תְּאֵנָה
fig
חִטָּה
wheat
שְׂעוֹרָה
barley

COOKING
IN THE KITCHEN

מַחֲבַת
frying pan

דַּיְסָה
cereal

עוּגִיּוֹת
cookies

מִיקְרוֹגַל, microwave

סֻכָּר, sugar

אֹרֶז, rice

קַקָאוֹ
cocoa

תֵּה, tea

קָפֶה
coffee

לֶחֶם
bread

מַצְנֵם
toaster

חָתוּל
cat

מַגְהֵץ
iron

לוּחַ גִּהוּץ, ironing board

מְרִית
spatula

קֻמְקוּם
kettle

סִיר
pot

מכוֹנַת כְּבִיסָה
washing machine

בַּקְבּוּק
bottle

חָלָב
milk

תַּנּוּר, oven

בָּצֵק, dough

קֶמַח
flour

סֵפֶר בִּשּׁוּל
cookbook

תַּבְלִינִים, spices

מְעָרְבֵּל, מִיקְסֵר
mixer

glass

בֵּיצִים
eggs

מֶלַח
salt

פִּלְפֵּל
pepper

בִּשׁוּל בַּמִּטְבָּח

אָרוֹן, closet

סֵפֶל, cup

קֻפַּת צְדָקָה
tzedakah box

מְסַנֶּנֶת
strainer

מִבְרֶשֶׁת, brush

בֶּרֶז, faucet

מַיִם
water

כִּיּוֹר, sink

מַגֶּבֶת
towel

מַטְאֲטֵא
broom

חַלּוֹן
window

כְּבִיסָה
laundry

מַקְפֵּא
freezer

מְקָרֵר
refrigerator

צַלַּחַת
plate

מֵדִיחַ כֵּלִים
dishwasher

קְעָרָה, bowl

מַעֲרוֹךְ
rolling pin

חֶמְאָה
butter

סִנָּר, apron

פַּח אַשְׁפָּה
garbage
pail

יָעֶה
dustpan

21

FAMILY PICNIC

סַבְתָּא
grandmother
סַבָּא
grandfather
מַצְלֵמָה
camera
salad, סָלָט
אֹכֶל
food
עַרְסָל
hammock
tablecloth, מַפָּה
basket, סַל
בֶּן דּוֹד
cousin
frankfurter, נַקְנִיקִיָּה
pillow, כַּר
blanket, שְׂמִיכָה
ants, נְמָלִים
פְּרָחִים
flowers

פִּיקְנִיק מִשְׁפַּחְתִּי

אֲגַם ,ake

מִטְרִיָּה, umbrella

מִשְׁקֶפֶת binoculars

הוֹרִים parents

כּוֹבַע hat

אָב father

חָבֵר friend

עֵץ tree

שִׁפּוּדִים shish-ka-bob

דּוֹדָה ,aunt

אֵם mother

בַּקְבּוּק bottle

סִנָּר apron

כִּירַיִם לִצְלִיָּה barbeque grill

תִּינוֹק ,baby

דּוֹד ,uncle

אָח brother

אָחוֹת sister

23

HOLIDAYS

רֹאשׁ הַשָּׁנָה
Rosh Hashanah

שׁוֹפָר
shofar

אֲרוֹן קֹדֶשׁ
ark

מַחְזוֹר
machzor

יוֹם הַכִּפּוּרִים
Yom Kippur

תּוֹרָה
torah

טַלִית
tallis

bimah, בִּימָה

סֻכּוֹת
Succos

סְכָך **,s'chach**

קִשׁוּטִים
decorations

סֻכָּה
succah

לוּלָב
lulav

הֲדַסִים
hadassim

עֲרָבוֹת
aravos

כִּסֵּא **chair**

אֶתְרוֹג
esrog

חֲנֻכָּה
Chanukah

window, חַלּוֹן

candles, נֵרוֹת

מְנוֹרָה
menorah

לְבִיבוֹת
latkes

סֻפְגָּנִיּוֹת
jelly donuts

סְבִיבוֹן
dreidel

24

חַגִּים

Purim, פּוּרִים

- בַּלּוֹן balloon
- רַעֲשָׁן grager
- כֶּתֶר crown
- מַסֵּכָה mask
- אָזְנֵי הָמָן hamantashen
- מְגִלָּה megillah
- מִשְׁלוֹחַ מָנוֹת shalach manos
- תַּחְפֹּשֶׂת costume

Pesach, פֶּסַח

- כּוֹסוֹ שֶׁל אֵלִיָּהוּ Eliyahu's cup
- מֵי מֶלַח salt water
- זְרוֹעַ shank bone
- יַיִן wine
- בֵּיצָה egg
- מָרוֹר bitter herbs
- כַּרְפַּס karpas
- חֲרוֹסֶת charoses
- אַרְבַּע כּוֹסוֹת four cups
- מַצּוֹת matzos
- קַעֲרַת הַסֵּדֶר, seder plate
- הַגָּדָה haggadah

שָׁבוּעוֹת Shavuos

- עֲנָנִים clouds,
- בְּרָקִים ,lightning
- הַר ,mountain

תִּשְׁעָה בְּאָב Tishah B'Av

- נֵרוֹת ,candles
- קִינוֹת kinos
- שַׁלְהֶבֶת flame

INSECTS — חֲרָקִים

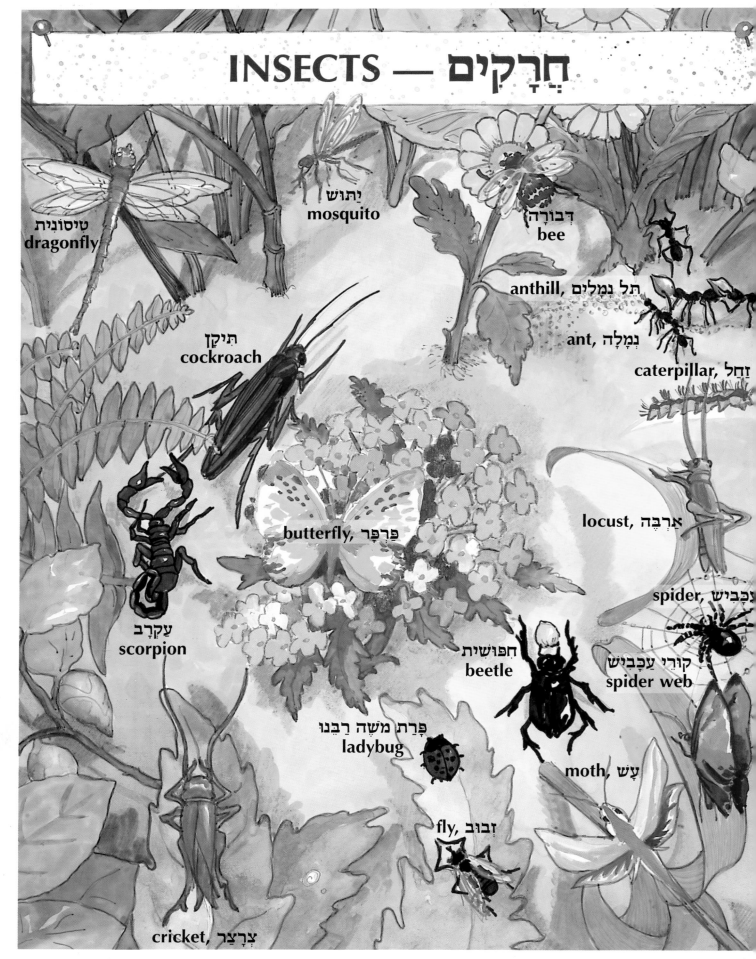

טִיסוֹנִית
dragonfly
יַתּוּשׁ
mosquito
דְּבוֹרָה
bee
anthill, תֵּל נְמָלִים
ant, נְמָלָה
caterpillar, זַחַל
תִּיקָן
cockroach
locust, אַרְבֶּה
butterfly, פַּרְפָּר
spider, עַכָּבִישׁ
עַקְרָב
scorpion
חִפּוּשִׁית
beetle
קוּרֵי עַכָּבִישׁ
spider web
פָּרַת מֹשֶׁה רַבֵּנוּ
ladybug
moth, עָשׁ
fly, זְבוּב
cricket, צְרָצַר

SAILING ON THE OCEAN — שַׁיִט בַּיָּם

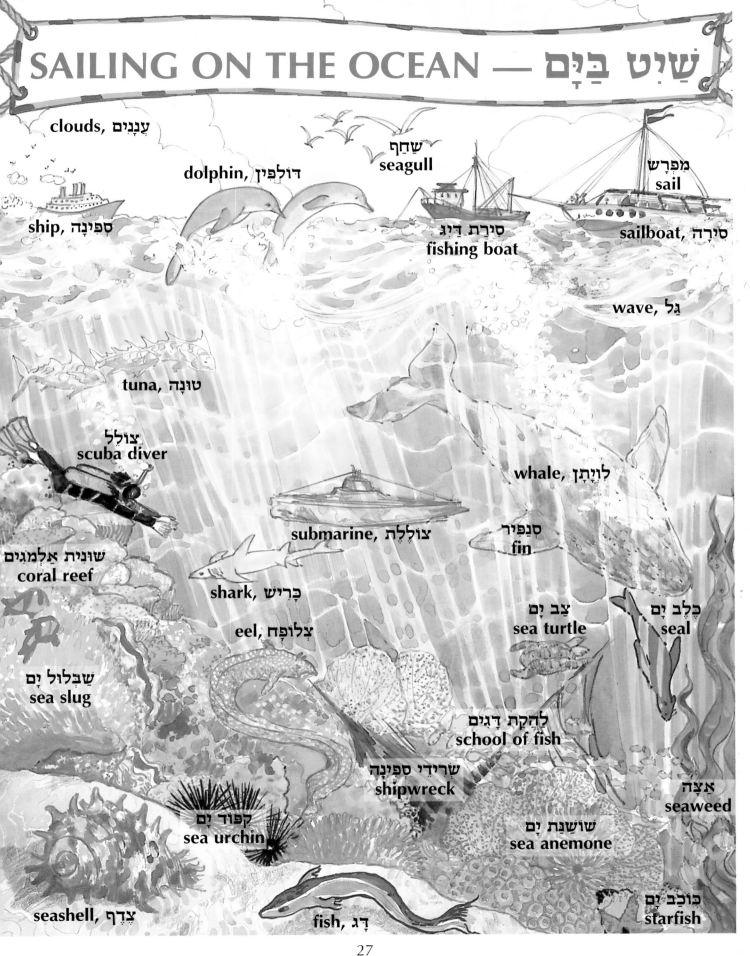

clouds, עֲנָנִים
שַׁחַף
seagull
dolphin, דּוֹלְפִין
מִפְרָשׂ
sail
ship, סְפִינָה
סִירַת דַּיִג
fishing boat
sailboat, סִירָה
wave, גַּל
tuna, טוּנָה
צוֹלֵל
scuba diver
whale, לִוְיָתָן
submarine, צוֹלֶלֶת
סְנַפִּיר
fin
שׁוּנִית אַלְמֻגִּים
coral reef
shark, כָּרִישׁ
צַב יָם
sea turtle
כֶּלֶב יָם
seal
eel, צְלוֹפָח
שַׁבְּלוּל יָם
sea slug
לַהֲקַת דָּגִים
school of fish
שְׂרִידֵי סְפִינָה
shipwreck
אַצָּה
seaweed
קִפּוֹד יָם
sea urchin
שׁוֹשַׁנַּת יָם
sea anemone
seashell, צֶדֶף
fish, דָּג
כּוֹכַב יָם
starfish

TRANSPORTATION
jet, מָטוֹס
airplane, אֲוִירוֹן
helicopter, מַסּוֹק
clouds, עֲנָנִים
tractor, טְרַקְטוֹר
דֵה תְּעוּפָה
AIRPORT TERM
bus, וֹבּוּס
truck, מַשָּׂאִית
jeep, ג'יפּ
סַע בִּזְהִירוּת
DRIVE SAFELY
שֶׁלֶט פִּרְסוֹמֶת
billboard
פַּסֵּי רַכֶּבֶת
railroad tracks

תַּחְבּוּרָה

satellite, לַוְיָן
spacecraft, חֲלָלִית
balloon, בַּלּוֹן
מְכוֹנִית מַשָּׂא
van
שֶׁלֶט
sign
bridge, גֶּשֶׁר
sailboat, סִירָה
Tires, צְמִיגִים
רַכֶּבֶת
train
מְכוֹנִית
car
מוֹנִית
taxi
EXIT, יְצִיאָה
Bicycle Store, חֲנוּת אוֹפַנַּיִם
helmet, קַסְדָּה
גַּלְגַּל
wheel
bicycle, אוֹפַנַּיִם
אוֹפַנּוֹעַ
motorcycle

A WALK IN THE FOREST

foliage, עַלְוָה
parrot, תֻּכִּי
eagle, נֶשֶׁר
stork, חֲסִידָה
דּוּכִיפַת
hoopoe
nest, קֵן
דְּרוֹר
sparrow
מִשְׁקֶפֶת
binoculars
עֵץ
tree
hat, כּוֹבַע
כָּנָף
wing
hikers, מְטַיְּלִים
bird, צִפּוֹר
גּוֹזָל
nestling
שִׂיחַ
bush

טִיּוּל בַּיַּעַר

עָנָף
branch
falcon, נֵץ
owl, יַנְשׁוּף
נַקָּר
woodpecker
pheasant, פַּסּוֹן
סְנָאִי
squirrel
antlers, קַרְנֵי צְבִי
שַׁלְדָּג
kingfisher
צְבִי
deer
זְאֵב
wolf
porcupine, דַּרְבָּן
פִּטְרִיּוֹת
mushrooms
fox, שׁוּעָל
skunk, בּוֹאֵשׁ

הַגּוּף שֶׁלִי — MY BODY

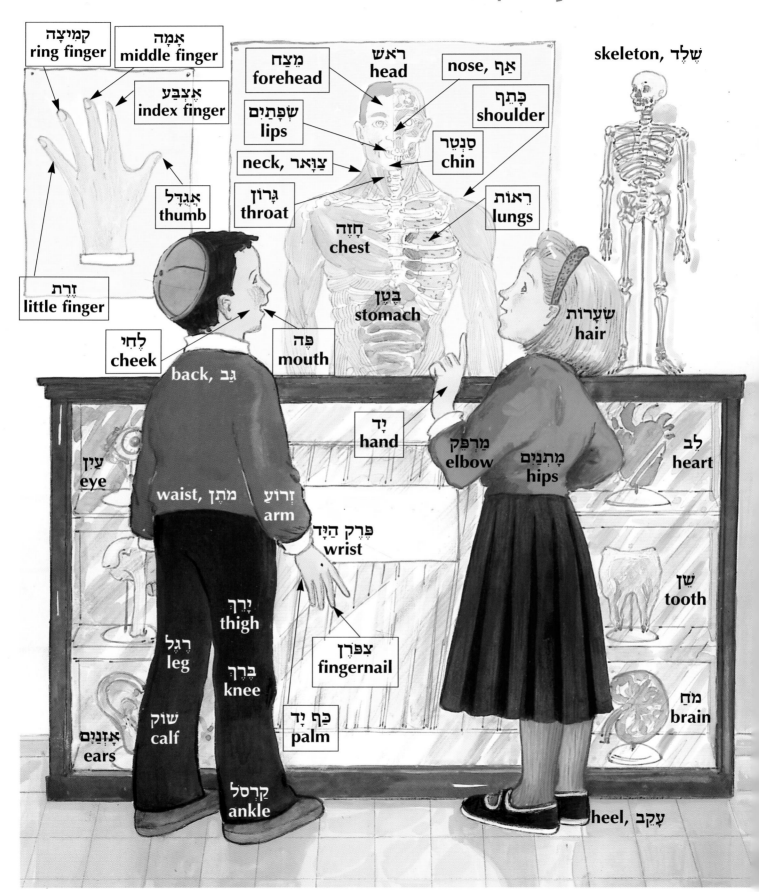

קְמִיצָה
ring finger

אַמָה
middle finger

אֶצְבַּע
index finger

אֲגֻדָל
thumb

זֶרֶת
little finger

לְחִי
cheek

מֵצַח
forehead

שְׂפָתַיִם
lips

neck, צַוָּאר

גָּרוֹן
throat

רֹאשׁ
head

nose, אַף

כָּתֵף
shoulder

סַנְטֵר
chin

רֵאוֹת
lungs

חָזֶה
chest

בֶּטֶן
stomach

פֶּה
mouth

back, גַּב

skeleton, שֶׁלֶד

שְׂעָרוֹת
hair

יָד
hand

מַרְפֵּק
elbow

מָתְנַיִם
hips

לֵב
heart

עַיִן
eye

waist, מֹתֶן

זְרוֹעַ
arm

פֶּרֶק הַיָּד
wrist

יָרֵךְ
thigh

רֶגֶל
leg

בֶּרֶךְ
knee

שׁוֹק
calf

אָזְנַיִם
ears

צִפֹּרֶן
fingernail

כַּף יָד
palm

קַרְסֹל
ankle

שֵׁן
tooth

מֹחַ
brain

heel, עָקֵב

32

עֲבוֹדָה עִם מַכְשִׁירִים
WORKING WITH TOOLS

סֻלָּם
ladder
צְבַת
pliers
מִסְפְּרֵי חִתּוּךְ
cutters
nail, מַסְמֵר
doghouse, מְלוּנָה
פַּטִּישׁ
hammer
brushes, מִבְרָשׁוֹת
toolbox, אַרְגַּז כֵּלִים
מַכְסֵחַת דֶּשֶׁא
awnmower
רְצוּעַת צַוָּאר
dog collar
חוּט חַשְׁמַ
electric
cord
screwdriver, מַבְרֵג
מַחַט
needle
חוּט
thread
כֶּלֶב
dog
מַקְדֵּחָה
drill
מַסּוֹר
saw
מִסְפָּרַיִם
scissors
אֶצְבָּעוֹן
thimble
קוּפְסַת תְּפִירָה
sewing box
סִכָּה
pin
שֻׁלְחָן
table
tape measure, סֶרֶט מִדָּה

LETTERS, NUMBERS AND COLORS

Alphabet Letters, אוֹתִיּוֹת הָאָלֶף בֵּית

א ב ג ד ה ו ז ח ט

tes ches zayin vav hey dalet gimmel beis alef

י כ ל מ נ ס ע פ צ

tzadik pey ayin samech nun mem lamed chaf yud

ק ר ש ת

tav shin reish kuf

כּוֹמְתָּה
beret
לוּחַ צְבָעִים
palette
artist, צַיָּר
מִבְרֶשֶׁת
brush
cape, כְּתֵפִיָּה
סֵפֶל
cup
שֻׁלְחָן
table
dog כֶּלֶב
תָּכֹל, תְּכֵלֶת
light blue
כָּחֹל
blue

אוֹתִיּוֹת, מִסְפָּרִים וּצְבָעִים

אֶחָד,
אַחַת
one
שְׁנַיִם,
שְׁתַּיִם
two
שָׁלֹשׁ,
שְׁלֹשָׁה
three
אַרְבַּע,
אַרְבָּעָה
four
חָמֵשׁ,
חֲמִשָּׁה
five
שֵׁשׁ,
שִׁשָּׁה
six
שֶׁבַע,
שִׁבְעָה
seven
שְׁמֹנֶה,
שְׁמֹנָה
eight
תֵּשַׁע,
תִּשְׁעָה
nine
עֶשֶׂר,
עֲשָׂרָה
ten
balloon, בַּלּוֹן

rag, סְחָבָה
easel, כַּן צִיּוּר
סָגֹל
purple
וָרֹד
pink
כָּתֹם
orange
אָדֹם
red
צָהֹב
yellow
לָבָן
white
יָרֹק
green
אָפֹר
gray
חוּם
brown
שָׁחֹר
black

DOLLHOUSE

roof, גַּג
BEDROOM, חֲדַר שֵׁנָה
wall, קִיר
אָרוֹן
closet
bed, מִטָּה
ceiling,
armoi
LIVING ROOM, סָלוֹן
כֻּרְסָה
armchair
תְּמוּנָה
picture
מַדָּף
shelf
sofa, סַפָּה
telephone, טֶלֶפוֹן
כִּסֵּא נַדְנֵדָה
rocking chair
קוּפְסַת תְּפִירָה
sewing box
DINING ROOM,
lamp,
door, דֶּלֶת
כִּסֵּא
chair
washing
machine
מַזְלֵף
watering can
צְמָחִים
plants

בֵּית הַבּוּבּוֹת

חֶדֶר יְלָדִים
HILDREN'S ROOM

אֲרֻבָּה, **chimney**

chimney,

חֶדֶר אַמְבַּטְיָה **,BATHROOM**

נוּרָה, **light bulb**

חַלוֹן, **window**

רְאִי
mirror

וִילוֹן
curtain

סַבּוֹן
soap

מַגֶּבֶת
towel

מִכְתָּבָה, **desk**

אַמְבַּטְיָה
bathtub

אַסְלָה
toilet

מִזְנוֹן
ina closet

מִטְבָּח **,KITCHEN**

סִיר, **pot**

בֶּרֶז, **faucet**

קַמְקוּם, **kettle**

שֻׁלְחָן
able

כִּיוֹר
sink

תַּנּוּר
oven

אֲרוֹנוֹת
cabinets

קֻפְסַת לֶחֶם
bread box

רְצְפָּה
floor

rpet, שָׁטִיחַ

שְׂדֵרוֹת
שׁוֹשַׁנִּים
Rose Avenue

כְּתֹבֶת, **address**

מְלוּנָה
doghouse

עָצִיץ
flowerpot

מַמְטֵרָה, **sprinkler**

תֵּיבַת דֹּאַר, **post box**

37

כְּלֵי נְגִינָה
MUSICAL INSTRUMENTS

מֶטְרוֹנוֹם
metronome

תֹּף מִרְיָם
tambourine

תָּוִים
music notes

גִּיטָרָה
guitar

אַקוֹרְדִיוֹן
accordion

פְּסַנְתֵּר
piano

כִּנוֹר , violin

חֲלִילִית
recorder

עוּגָב , organ

סַקְסוֹפוֹן
saxophone

מַרָקוֹת
maracas

מְצִלְתַּיִם
cymbals

קְסִילוֹפוֹן
xylophone

תֹּף , drum

מַפּוּחִית פֶּה , harmonica

פַּעֲמוֹנִים , bells

38

חֲדַר שֵׁנָה — BEDROOM

books, סְפָרִים

תֵּבַת תַכְשִׁיטִים
jewelry box

shelf, מַדָּף

toys, צַעֲצוּעִים

בֻּבָּה
doll

מַפְסֵק חַשְׁמַל
light switch

picture תְּמוּנָה

צִפִּית
pillowcase

כַּר
pillow

bed, מִטָּה

crayons, צְבָעִים

blanket, שְׂמִיכָה

chair, כִּסֵּא

chest, שִׁדָּה

אַקְוַרְיוּם
aquarium

מִבְרֶשֶׁת שֵׂעָר
hairbrush

fish דָּג

חֲדַר אַמְבַּטְיָה
Bathroom

מִקְלַחַת
shower

מִבְרֶשֶׁת שִׁנַּיִם
toothbrush

tiles, אֲרִיחִים

שַׁמְפּוּ
shampoo

sink, כִּיּוֹר

towel, מַגֶּבֶת

אַמְבַּטְיָה
bathtub

אָרוֹן
closet

סַל כְּבִיסָה
laundry basket

מְגֵרוֹת
drawers

39

מִגְרַשׁ כַּדּוּרְסַל
basketball court

מַאֲפִיָּה
bakery

בֵּית כְּנֶסֶת, shul

library, סִפְרִיָּה

חֲנוּת סְפָרִים
bookstore

חֶלֶת
groc

כָּל בּוֹ לֵוִי
LEVI'S GENERAL STORE

חֲנוּת פְּרָחִים
flower shop

סוּס
horse

הֲנָחָה
Discount

מִבְצַע חֹרֶף מְיֻחָד
SPECIAL WINTER SALE

פְּרָחִים
flowers

סֻלָּם
ladder

מַטְאֲטֵא
broom

shovel, אֵת

יוֹם שֶׁלֶג בַּכְּפָר
SNOW DAY IN THE VILLAGE

בֵּית חוֹלִים
hospital

מִרְפָּאָה
clinic

tailor, חַיָּט

בֵּית מִרְקַחַת
drugstore

מִסְפָּרָה
barbershop

laundromat, מִכְבָּסָה

אִישׁ שֶׁ...
...wman

עֵץ
tree

מְכוֹנִית מַשָּׂא
van

שֶׁלֶג
snow

נַגָּרִיָּה
carpentry
shop

...owball, כַּדּוּר שֶׁלֶג

דוֹג, כֶּלֶב
dog, כֶּלֶב

רְחוֹב הָאַלּוֹן
OAK st.

רְחוֹב הָאַדֶּר
MAPLE st.

street, רְחוֹב

41

עוֹנוֹת הַשָּׁנָה
SEASONS OF THE YEAR

AUTUMN, סְתָיו
מַגְרֵפָה
rake
leaves, עָלִים
WINTER, חֹרֶף
אִישׁ שֶׁלֶג
snowman
סוּדָר
scarf
כְּפָפָה
glove
מְעִיל
coat
פְּתִית שֶׁלֶג
snowflake
skis, מַגְלֵשַׁיִם
boots, מַגָּפַיִם
snow, שֶׁלֶג
SUMMER, קַיִץ
sun, שֶׁמֶשׁ
cloud, עָנָן
מַטְרִיָּה
umbrella
כִּסֵּא
chair
בְּרֵכָה
swimming pool
גַּלְגַּל הַצָּלָה
life preserver
ball כַּדּוּר
grass, דֶּשֶׁא
SPRING, אָבִיב
כּוֹבַע קַשׁ
straw hat
קֶשֶׁת
rainbow
rain, גֶּשֶׁם
זֵר פְּרָחִים
bouquet

בֵּית חוֹלִים
hospital

מִרְפָּאָה
clinic

tailor, חַיָּט

בֵּית מִרְקַחַת
drugstore

מִסְפָּרָה
barbershop

laundromat, מִכְבָּסָה

עֵץ
tree

מְכוֹנִית מַשָּׂא
van

אִישׁ שֶׁ
wman

שֶׁלֶג
snow

נַגָּרִיָּה
carpentry
shop

owball, כַּדּוּר שֶׁלֶג

רְחוֹב הָאַלּוֹן
OAK st.

רְחוֹב הָאַדֶּר
MAPLE st.

dog, כֶּלֶב

street, רְחוֹב

41

עוֹנוֹת הַשָּׁנָה
SEASONS OF THE YEAR

AUTUMN, סְתָיו
מַגְרֵפָה
rake
leaves, עָלִים
WINTER, חֹרֶף
אִישׁ שֶׁלֶג
snowman
סוּדָר
scarf
כְּפָפָה
glove
מְעִיל
coat
פְּתִית שֶׁלֶג
snowflake
skis, מַגְלֵשַׁיִם
boots, מַגָּפַיִם
snow, שֶׁלֶג
sun, שֶׁמֶשׁ
SUMMER, קַיִץ
cloud, עָנָן
מִטְרִיָּה
umbrella
כִּסֵּא
chair
בְּרֵכָה
swimming pool
גַּלְגַּל הַצָּלָה
life preserver
ball כַּדּוּר
grass, דֶּשֶׁא
SPRING, אָבִיב
כּוֹבַע קַשׁ
straw hat
קֶשֶׁת
rainbow
rain, גֶּשֶׁם
זֵר פְּרָחִים
bouquet

מְסִבַּת יוֹם הֻלֶּדֶת
MY BIRTHDAY PARTY

בַּלוֹן
balloon
קִשׁוּטִים
decorations
אוֹרְחִים
guests
חוּט
string
נֵר
candle
נְיַר עֲטִיפָה
wrapping paper
straw, קַשׁ
cake, עוּגָה
כִּסֵּא
chair
סֻכָּרִיָּה
candy
כּוֹסוֹת
glasses
מִיץ
juice
tablecloth, מַפָּה
עוּגִיּוֹת
cookie
פּוֹפְּקוֹרְן
popcorn
צַלַּחַת
מְעוֹפֶפֶת
frisbee
מַתָּנוֹת
presents
חֲמוֹר עָקֹד, זֶבְּרָה
zebra
toys, צַעֲצוּעִים

SUMMER CAMP

sky, שָׁמַיִם
mountain, הַר
forest, יַעַר
תְּאוּרָה
lights
kayak, קָיָק
אוֹטוֹבּוּס
bus
bunks, צְרִיפִים
מִתְקַן טִפּוּס
play gym
בְּרֵיכַת שְׂחִיָּה
swimming pool

מַחֲנֵה קַיִץ

clouds, עֲנָנִים

leaves, עָלִים

ke, אֲגַם

boat, סִירָה

hat, כּוֹבַע

מִגְרַשׁ כַּדּוּר בָּסִיס
baseball field

flag, דֶּגֶל

דֶּשֶׁא
grass

בֵּית כְּנֶסֶת
shul

מִגְרַשׁ
טֶנִיס
ennis
court

עֵץ
tree

תַּרְמִיל גַּב
backpack

כְּבִישׁ
road

מֵימִיָּה
canteen

DICTIONARY — מִלּוֹן

46